Var
Dig
Själv
av
Mikael Lörnstam

Till My

Mikael Lörnstam

Var dig själv

Hur Du skakar av dig bojorna från Ditt förflutna
och skapar en bättre framtid

Förlag och tryck: BoD

ISBN: 978-91-7463-483-9

Innehållsförteckning

Förord

Livet är en resa och ett hedersuppdrag.

Du min vän, är resultatet av 200 000 års finslipning av naturen – Kom ihåg det;)

Vår resa som arten Homo sapiens börjar i södra Afrika för nästan 200 000 år sedan. Därefter har vi rört oss i alla väderstreck och sakta men säkert befolkat skogar, slätter, öknar, berg och otaliga öar. Vi har seglat, klättrat och vandrat över otroliga avstånd i vår iver och strävan att utforska oss själva och planeten vi bor på.

Vägen till det samhället vi lever i idag har både varit lång och fylld av strapatser. Inget har varit gratis och priset har oftast varit väldigt högt. Vi har alla en lång blodslinje som i många fall korsar varandra på de mest oväntade ställen man kan tänka sig. Vi känner inte varandra - men vi delar vårt gemensamma ursprung och det gör oss i högsta grad till släktingar oavsett vad vi tycker.

Mitt och ditt liv är resultatet av våra förfädrars och förmödrars alla vedermödor för att överleva i en värld full av faror. Vår resa börjar för nästan 200 000 år sedan och den pågår än. För mig är det ett hedersuppdrag och ett privilegium att få vara en del av denna ständigt pågående process som syftar till att säkra vår arts överlevnad, på en planet som faktiskt kan sörja för oss alla.

Tyvärr får inte alla ta del av den rikedomen och för många är villkoren idag de samma som för 200 000 år sedan. Kvinnor kämpar fortfarande mot fördomar, våld och socialt förtryck i hela världen, med minimala framsteg. Varje människa är värdefull för mänsklighetens överlevnad och varje förlust är en katastrof för oss alla.

För 15 000 år sedan var hela Sverige täckt av is och det tog 1000-tals år innan det ens fanns 1000 invånare på den plats vi idag kallar Sverige. Faror lurade fortfarande överallt och fast vi tagit oss över halva jordklotet, en generation i taget, så var livet fortfarande oerhört skört för alla.

Befolkningen var i början små grupper som rörde sig likt nomader mellan olika boplatser beroende på årstiden. Boplatserna blev så småningom riktiga byar och senare mindre städer och i ett längre perspektiv stora städer. Människans utveckling en generation i taget innebär också att naturen finslipat vår arvsmassa, som enligt beräkningar har funnits i cirka 8 000 generationen från de första fynden av människor i Afrika, för nästan 200 000 år sedan.

De äldsta fynden av människor i Europa är ca 40 000 år gamla vilket gör oss till den 1 600 generationen, plus minus några år;) Vår överlevnadsinstinkt är arvsmassans viktigaste beståndsdel och syftar till att säkra vår arts överlevnad under de mest extrema förhållanden.

I ett biologiskt perspektiv är vår arvsmassa betydligt viktigare än oss som individer. Vi är alla priviligerade bärare av vår egen arvsmassa som finslipats genom årtusenden för att underlätta vår överlevnad på jorden. Att som "budbärare" ha den här unika upplevelsen som livet bjuder på... är ibland så obeskrivligt vackert och ofattbart...

Detta är inte en historielektion utan en introduktion till en förståelse av vår egen unika arvsmassa och dess helt otroliga vilja att överleva mot alla odds. Vårt unika DNA har rest genom 1000-tals generationer och över alla kontinenter. Det har uthärdat oändliga utmaningar på sin resa och förtroendet vi givits med *våra liv* är ett hedersuppdrag vi bör känna tacksamhet för. Det innebär inte att livet alltid är lätt, *tvärtom*, men vi är alla oerhört viktiga för artens överlevnad.

Vi har alla en oerhört viktig del i arvsmassans fortsatta färd till andra ännu ofödda människor i framtiden. Som förhoppningsvis känner sig både stolta och tacksamma för att fortsätta föra vårt gemensamma arv vidare. Tanken är svindlande...

Livet är ett hedersuppdrag och det förtjänar det absolut bästa av oss alla.

Varför tjatar jag om detta, undrar du kanske? Det är en rimlig fråga. Jag vill medvetandegöra hos dig som läser den här boken, vår egen unika bakgrund som sträcker sig nästan 200 000 år tillbaka i tiden. Det har hänt massor av saker, som tillsammans har skapat förutsättningarna

8

för dig och mig att få uppleva det bästa livet har att erbjuda oss just här och nu. Jag tycker det är viktigt att förstår att vi inte finns av en slump.

Vissa av alla dessa "relationer" som fört vår egen unika arvsmassa vidare har baserats på våld och rå styrka. Andra på makt relaterat till kvinnors utsatthet, vilket tyvärr pågår ännu idag. Men en hel del av alla dessa relationer har också baserats på genuin kärlek mellan två människors som fått ett eller flera barn som de älskat över allt annat i deras liv. För många av dessa människor var levnadsvillkoren hårda och många gånger fyllda av otaliga orättvisor. Människor dog unga och de som väl levde så länge att de hann bli gamla... dog många gånger helt ensamma och utan att någon saknade dem.

Jag skickar en tanke av tacksamhet till alla dem som fortsatte kämpa och besegra de ibland "omöjliga" oddsen. Vi är alla resultatet av dessa miljoner människors strapatser på liv och död – som möjliggjorde vår egen existens idag. Tack!

Alla som läser den här boken är resultatet av mer än 8 000 generationer om vi räknar från början i Afrika. Jag är inget stort fan av siffror och statistik. Men de här siffrorna är helt enkelt så svindlande att jag inte kan låta bli att upprepa dem. För de berättar om vårt gemensamma ursprung och att livet inte alltid är en självklarhet. Jag har själv förbannat livet både en och två gånger och funderat på att skippa livet då jag varken trodde på mig själv eller min framtid.

Jag är själv ett levande exempel på hur tragiskt livet kan bli när man väljer att leva det som någon annan än den man genuint är. Jag har använt alla medel för att fly som står till buds i den här världen, vare sig det handlat om droger eller något annat sinnesförändrande, för att stå ut med min falskhet. Min dåliga självkänsla höll på att kosta mig livet under väldigt många år.

Det här var för att skapa lite bakgrund och perspektiv till våra egna liv, när vi ibland känner oss lite nere. Tänk då på en varm sommardag med en kall drink i handen och någon som ömt masserar dina brunbrända axlar. Du känner en lätt bris och doften av jordgubbar. Du känner dig älskad och uppskattad och ser fram emot en spännande resa till ett av dina favoritresmål. Du ska åka om två dagar och du har sett fram emot detta under lång tid och nu är äntligen tiden inne. Resan är en belöning åt dig själv för allt du gjort under det senaste året. Ett år som varit det mest spännande i ditt liv. Du tar ett djupt andetag och släpper sakta ut luften och känner dig lyckligare än någonsin... Aldrig hade du trott att man kunde vara så genuint lycklig... hela tiden... lycklig... och villkorslöst älskad av andra...

Den här "boken" är en sammanfattning av föreläsningen och en enkel kom ihåg som passar att ta med sig överallt och diskutera med familj, vänner, kolleger och nya bekantskaper. Tveka inte att höra av dig om du har några frågor;)

En Ny Tid

En ny dag och äventyret fortsätter...

Vi lever i en ny spännande tid som startade vid 2000-talets början och än en gång flyttas fokuset från vår individuella strävan efter framgång och frihet, till gruppers ambitioner om att skapa en bättre värld för alla. Det handlade inte längre om "bigger than life" projekten utan istället handlar det om små handlingar med stor betydelse, för de mest sårbara i vår värld och vår tid. Alla Facebook grupper som kämpar för enskilda individers rättigheter är ett tecken på detta och de blir bara fler och fler varje dag. Kanske har du själv stöttat en sådan grupp på exempelvis FB?

Det handlar om unga människor som kliver fram och visar att alla *faktiskt kan* åstadkomma en förändring om vi vill. Det som om några år kommer att stå högst på politikers agenda började med små handlingar av ungdomar utan själviska baktankar för att hjälpa andra som for illa. Det som skiljer 2014 från Live aid är att idag handlar det inte om ego utan unga människor som hjälper vilt främmande människor för att det är rätt. Det är inte politik, det är ingen rörelse, det är ingen revolution. Det är ren altruism och dessa fantastiska ungdomar runt om i världen visar vad som är viktigast om vi alla ska kunna ha en gemensam framtid på den här planeten.

Under de första tio åren av 2000-talet etablerades allt det som idag är en väl integrerad del av vår gemensamma vardag. 2003 kom PayPal och gjorde det möjligt att på ett enkelt sätt köpa och sälja saker på nätet även för dem med en verksamhet kopplad till en enkel hemsida. Facebook lanserades i februari 2004 och gav människor möjligheten att dela med sig av deras vardag och intresse, och samtidigt skapades en lättillgängligare värld där alla kunde komma i kontakt med varandra. YouTube skapades av 3 tidigare Paypal anställda i februari 2005 och gjorde det möjligt att snabbt och enkelt ladda upp och dela med sig av sina videos, vilket idag är stora företags främsta fönster till sina kunder. Twitter såg dagens ljus i juli 2006 och gav människor en omedelbar tillgång till allt det som var viktigast just då. Wikipedia skapades 2001 av Jimmy Wales och 2003 exploderade Wikipedia till det fenomen som det är, vilket gjorde att Time Magazine 2006 utropade Jimmy Wales till en av de mest influerande människorna i vår tid.

Det gemensamma för dessa fanbärare av den nya tiden vi lever i, är att de alla kopplar samman människor på ett enkelt sätt som alla förstår och behärskar rent intuitivt efter ett par minuter.

Vi i västvärlden lever i cykler som pendlar mellan två "samhällsstämningar" s.k. *moods*. Varje period varar i 40 år. Dessa cykler pendlar mellan individens längtan efter frihet och å andra sidan människans strävan efter att bidra till samhället. Dessa 2 perioder kan bäst beskrivas med att den ena handlar om individens

12

materiella och fysiska framgång. Det handlar helt enkelt om hur bra du och ditt liv ser ut för andra.

Den andra perioden handlar om hur människan istället för att vara en individ, blir en del av en grupp som strävar efter moraliska mål. Den första perioden präglas av att ta så mycket man kan och den andra av att ge så mycket man kan.

Under den senare delen av 1800-talet emigrerade mer än 10 miljoner européer till USA, för vad de trodde var The land of *milk and honey*. Då i slutet av 1800-talet var de rikaste människorna i hela världen oljemiljardärer, järnvägsbaroner och stålmagnater. Gemensamt för dem var att deras verksamhet handlade om kommunikation och människors möjligheter att resa och träffas på ett lättare sätt än tidigare, vare sig det handlade om att åka bil, buss eller tåg.

Kopplingen till dagens miljardärer som Gates, Zuckerberg, Bezos m.fl. visar med tydlighet att de som blir rikast på den här planeten alltid är några få människor som kopplar samman många miljontals människor och främjar deras möjligheter att kommunicera, vare sig det är fysiskt eller genom mail, video och mobiltelefon.

Perioden 1923-1963 präglades av ansvar, ödmjukhet och konformitet. Fortfarande rullade efterdyningarna från Första Världskriget, men ekonomin var fortfarande stark i början av 1920-talet och människor festade som aldrig förr.

Under 1920-talet fick kvinnor rösträtt i en del länder vilket bidrog till att stärka samhället på många sätt. 1923 började med champagne men 10 år senare 1933, hade festen slutat med hyperinflation och massarbetslöshet i Europa och USA. Världen hade nått bristningsgränsen igen.

Nu började begreppet *ansvar* förvandlas till *plikt*, vilket kom att dominera åren mellan 1933 och 1945. Åren mellan 1933 och till krigsutbrottet 1939 handlade om att skuldbelägga minoriteter och "häxjakterna" var ett vanligt inslag. De som hade ekonomiska möjligheter flydde från bl.a. Tyskland och Italien, till USA och England.

Grupper växer sig alltid starka genom att tillsammans ta avstånd från andra etniska grupper, idéer och/eller kulturella skillnader. 1943 var ett år dominerat av människor och länders krigandes mot varandra för sin egen suveränitet (ego) och överlevnad. Det hade gått 20 år sedan en tid dominerad av grupper började sin resa och världen ville nu bara ha slut på kriget. 1945 tog Andra Världskriget äntligen slut. Förenta Nationerna bildades för att medlemsländerna skulle kunna arbeta mot fred.

I mitten på 1950-talet började ungdomen i framför allt USA att tröttna på konformismen i samhället och sökte nya uttrycksformer inom bl.a. musiken som präglades av Elvis och en vildare stil. Motorcyklar och skinnjackor blev symboliska för den nya frihetslängtan. Elvis, James Dean och Marlon Brando stod för de maskulina idealen och Grace Kelly, Ingrid Bergman och Marilyn Monroe för de feminina. Man börjar tala öppet om sitt behov av att få uttrycka sig och det behovet handlade både om att må bra och se bra ut.

Ungdomar tjänade sina egna pengar och deras "vänner" på Madison Avenue gjorde sitt bästa för att berätta vad som gällde för att vara inne. I Detroit tillverkades bilar som aldrig förr och budskapet var tydligt. Bilen är symbolen och medlet för att nå din frihet. Motorvägarna hette Freeways och budskapet gick inte att missförstå

1963 började en ny cykel och fokuset flyttas från gruppens konformitet till individens strävan efter frihet, framgång och rätten att uttrycka sig. Perioden varade mellan 1963-2003. Under de första 6 åren i varje ny period så befästs den nya tiden med hjälp av etablering av vissa fenomen som kommer att vara tidstypiska för perioden. Det som började med I wanna hold Your hand 1963 slutar med studentkravallerna i Paris 1968.

Upploppen handlade från början om de dåliga förhållanden som rådde på universiteten men utvecklades snabbt till ett ifrågasättande av auktoriteter och befäste samtidigt studenternas strävan efter inflytande, vilket är detsamma som framgång vilket kom att dominera den perioden.

En cykel börjar alltid med goda intentioner men slutar *alltid* i katastrof med antingen slaveri som ett resultat av gruppers rigida inställning till lag

15

och moral. Eller så slutar det med fullständig degenerering under de perioder som präglas av individens rätt att uttrycka sig hur han eller hon vill. Det som började med en sexuell revolution i början på 60-talet slutade med en gränslös miljardindustri inom trafficking och barnporr.

Den nya perioden handlade om personlig frihet och framgång. Framgång definierades med materiella ting. I en undersökning i början av 1960-talet ansåg sig 2 av 10 vara en viktig person. När samma undersökning gjordes i slutet på 1980 talet ansåg 8 av 10 att de var en viktig person. Allt handlade om att synas och se bra ut.

Ett symbolvärde under den här tiden är antalet skilsmässor. Under perioden 1923-1963 var gruppen och därmed relationer det viktigaste, vilket innebar att man jobbade för att få relationerna att fungera. Numera slutar mer än hälften av alla äktenskap i skilsmässor eftersom individen varit viktigare än relationen. Personlig framgång slår den gemensamma relationen, vilket innebär att föräldrarnas framgång är t.o.m. viktigare än barnens välbefinnande

1983 är MTV och kokain stort och berättar för dig att du är unik. Musiken är lika ytlig som de som framför den. Vi lämnar den analoga världen och allt blir digitalt. Vem som helst kan bli vad som helst. Skinn och kromade möbler är högsta mode. När man joggar ska man lyssna på sin Sony Walkman. På bio kan man se Al Pacino i

Scarface visa att inget är förbjudet utan alla medel är tillåtna i jakten på makt och framgång. Industrisamhället börjar vid den här tiden sjunga på sista versen efter 150 år och ingen vet riktigt vad de som slutar skolan ska sysselsätta sig med. Men vi lever i en individanpassad tid så de får faktiskt lösa det problemet själva.

I mitten på 1980-talet är ingenting längre på riktigt utan människor börjar sträva efter att likna skyltdockor, och om inte det är tillräckligt kan man alltid använda kokain som förändrar självbilden till hybris. Allt är tillåtet och livet är en enda lång fest. HIV lägger sordin på stämningen en kort stund men heterosexuella tror inte att de gäller dem så de fortsätter som Duracellkaniner och alldeles för många vaknar tyvärr upp med en baksmälla som slutar med en skamfylld begravning ett par år senare.

1993 är vi inne på de sista 10-åren av perioden som präglades av människors strävan efter framgång och rätten att uttrycka sig. 1993 sätts en ny standard och nu gäller inga lagar bland de riktigt framgångsrika, som bara gjort vad som förväntades av dem under den här tidsperioden.

Eftersom kvalitet har fått ge vika för kvantitet så finns det under slutet av 1900-talet fler "kändisar" än någonsin tidigare, utan några färdigheter. Som tur är kan alla bli en stjärna under 90-talet. För de 2 % som inte vill bli kändisar lockar entreprenörskapet och att som egenföretagare tjäna miljoner på gamla idéer.

Att skapa sin egen framgång och visa att allt är möjligt i en tid som uppmuntrar egna initiativ och avvisar alla som inte anstränger sig, så som sjuka och gamla, är den glada melodin för dagen.

Under åren mellan 1963 och 2003 har de skapats fler mångmiljardärer än någonsin tidigare i människans historia. Några har verkligen förtjänat sina pengar. Andra har snott dem som Kenneth Lay, Jeffrey Skilling och Bernie Maddof. Deras förvånade blickar när de avslöjades är ganska talande för den här tiden då inga regler eller lagar gällde för Superentreprenörerna. Jobs, Gates och andra har förenklat våra liv och gjort att vi har tillgång till hela världen, och till och med delar av rymden och universum i vår telefon. Vi lever idag i en värld som var science fiction när jag växte upp. Ännu en gång kan vi med stolthet säga: - Aldrig har så många,...så få...att tacka för så mycket.

Detta var en tid som aldrig handlade om vem du var... utan bara om hur framgångsrik du var.

Nu är året 2014 och vi är mer än 10 år in i den Nya Tiden som ännu en gång kommer att präglas av ansvar som med tiden kommer att övergår till plikt. Starka krafter är i rörelse och än en gång kan man se svartskjortor paradera på gatorna i Europa och stöveltrampen kan höras från nyputsade stövlar och tåförstärkta kängor på städernas gator och torg efter mörkrets inbrott.

Starka relationer och att hjälpa de utsatta står än en gång högst på agendan, för oss som inte deltar i häxjakterna mot minoriteter. Europa har idag fler likheter med 1933 än vad som är sunt för oss. Ungern är redan förlorat och i England rekryterar EDL unga arbetslösa pojkar en masse. Rasism kan idag liknas vid en heltidssysselsättning för arbetslösa som behöver en förklaringsmodell till sitt utanförskap.

Den här boken är som sagt ingen historiebok och den blir snart underhållande igen, jag lovar;)

Men jag tycker bakgrunden är viktig - så att du är uppmärksam på vad som händer runt omkring oss i vår nya tid, så du inte rycks med och en dag kommer på dig själv med högaffeln i högsta hugg på väg att skipa rättvisa tillsammans med medborgargardet på din ort.

Vi lever i en tid präglad av civilsamhälle och olika grupper ställs mot varandra. Så välj dina grupper med omsorg och välj konstruktiva grupper som värnar om alla människors rätt till ett värdigt liv baserat på kärlek och respekt.

I slutet av perioden 1963-2003 kan vi titta tillbaka på 40 år som började med en dröm om frihet och slutade med NSA`s massövervakning som en signal om strävan efter frihet nu är över.

* Märker du av förändringarna i samhället och i så fall hur?

Vår rädsla för att vara Otillräckliga

Människans största rädsla är att vara otillräckliga och inte förtjäna att älskas.

Rädslan för att vara otillräcklig gör sig påmind mer eller mindre från morgon till kväll, de flesta dagar om året. När vi växte upp lät vi andra definiera oss på grund av vårt behov av kärlek och omtanke. Men om vi i vuxen ålder omger oss med människor som påminner mycket om vår ursprungsfamilj, så är sannolikheten stor att vi fortfarande låter andra definiera vem vi är.

Om du är en av dem som låter omgivningen bedöma om du gjort ett bra jobb så har du lagt ut känslan av otillräcklighet på entreprenad och låter andra avgöra om du håller måttet eller inte. Om du däremot låter dina egna känslor avgöra om det du gjort är tillräckligt bra, så överlåter du åt ditt ego att avgöra. Det är dömt att misslyckas.

Hur vedervärdig en känsla än är, så finns den där av en speciell anledning. Om vi använder oss av Silvan Tomkins Affektionsteori så hamnar känslan av otillräcklighet under de "negativa" känslorna och då närmare bestämt skam. Skam är en s.k. korrigerande känsla som berättar att det vi gör inte är norm i familjen/gruppen och att vi bör korrigera vårt beteende. Dessa känslor, utvecklades under en tid i människans historia då skillnaden på liv och död berodde på gruppens acceptans och tillit till oss.

Det som från början var en korrigerande känsla/signal har under årtusende utvecklats till något helt annat, även om det fortfarande handlar om vår egen och andras acceptans av oss. Idag är känslan lika förödande som för 200 000-år sedan och den är svår att bara skaka av sig.

Förr handlade gruppens avvisande av oss om att vi utsatte gruppen för fara på ett eller annat sätt. Idag handlar känslan av otillräcklighet mer om något vi sa eller gjorde på ett icke hippt sätt. Så numera handlar vår känsla av otillräcklighet mer om vår personlighet än våra handlingar.

Vi är både mer känsliga och utsatta för känslan av otillräcklighet än någonsin tidigare i vår jakt på framgång. Som ett resultat försöker vi så mycket som möjligt undvika handlingar och risker som kan innebära att vi måste konfronteras med vår "otillräcklighet". Det i sin tur innebär att förutsägbarheten i våra liv blir det som mest dominerar vår vardag. Vi rör oss mellan förutsägbara människor, händelser och platser för att undvika risker så mycket som möjligt. Det i sin tur innebär att vi missar allt som gör resan till en fantastisk upplevelse och väljer istället att tillbringa resan i väntrummet.

Vår rädsla för att vara otillräckliga är förlamande och låter oss leva våra liv i reaktion till det som händer, istället för att vara offensiva i våra liv. Det i sin tur innebär att vi förhåller oss passiva och väntar på stimuli från människor och situationer för att slippa göra bort oss.

Om vi inte tar egna initiativ utan bara svarar an på det som händer så slipper vi känna oss ansvariga för resultatet, eftersom det inte var vi som var upphovet till situationen från början.

Människans rädsla för att vara otillräcklig är den enskilt största faktorn till att endast 1 % av jordens befolkning äger extrema förmögenheter.

Dessa få människor som äger sådana ofantliga förmögenheter är alla till sin natur människor som konstant utmanar sig själva för att se vad de kan åstadkomma för sig själv och andra. Om de gör en fantastisk affär blir de naturligtvis glada.

Men om de gör en dålig affär så gläds de istället över erfarenheten och undviker att göra samma misstag två gånger. Eftersom de vet att framgång baseras på bra beslut, så vet de också att bra beslut baseras på erfarenhet och erfarenhet är något som ofta baseras på dåliga beslut.

Oavsett vilket - så definierar de sig aldrig som otillräckliga, utan bara som människor som antingen gör en bra affär - eller lär sig något värdefullt, som kommer att hjälpa dem i framtiden. De kan inte förlora helt enkelt.

* I vilka situationer känner du dig otillräcklig, och varför?

Rädslan för att inte förtjäna Kärlek

Vår uppväxt var ett konstant sammelsurium av motstridiga budskap, som än i dag kan skapa konflikter inom oss när vi blir stressade.

Konflikterna pendlar mellan vårt behov av kärlek och respekt - och våra värderingar om hur den kärleken och respekten bör se ut.

Tänk dig att du har två vågskålar, en i varje hand. I den högra har du dina önskningar om hur du vill att kärlek ska se ut i ditt liv. I den vänstra har du alla förbehåll som du inte är beredd att acceptera för att få det du vill. Mellan dessa två skålar har du också ditt hjärta och ditt intellekt .

Hjärtat är det som säger att en relation ska baseras på ömsesidig och villkorslös kärlek, medan intellektet säger att kärlek handlar om att ta och ge, plus en massa "nödvändiga" kompromisser baserat på tidigare besvikelser. Hjärtat säger Go for it. Hjärnan säger Ta det nu lite lugnt och låt oss se över alla möjligheter som kan uppstå om vi väljer att göra oss sårbara.

Rädslan för att bli avvisad, kränkt och övergiven är så stor att många människor helt enkelt väljer att istället leva ensamma. Ett sådan val baseras antingen på en djup rädsla för intimitet eller på dåliga erfarenheter. Oavsett vilket så innebär det att deras association till kärlek och intimitet är ordentligt naggat i kanten.

De som inte helt avvisar tanken på en intim relation och fått sin beskärda del av smällar tidigare, kommer alltid att ha en massa förbehåll och en mental resväska packad för snabb flykt.

Att vara älskad är så fundamentalt etablerat i vår själ att om vi inte har en relation med någon så kommer vi att göra något annat som ger oss upplevelsen av att vara älskade. För ingenting annat är viktigare för oss på den här planeten.

Vi har alla en uppsättning "regler" som ska uppfyllas för att vi ska kunna slappna av och tillåta oss att vara älskade. Dessa regler kan vara allt från att han/hon dök upp, till en lista lika tjock som lagboken. I det sammanhanget är det inte svårt att räkna ut vem som kommer att ha flest relationer under sin livstid. En människa som sätter upp en massa regler skapar egentligen inte en förutsättning för relationen utan mer en förutsättning för att slippa relationen. Eller hur?

Att vi själva har en uppsättning regler för hur vi vill att våra relationer ska se ut är ju ganska naturligt om vi redan gått på ett par smällar. De flesta förändrar reglerna lite i taget i takt med att man lär sig vad som fungerar. Vi har antingen regler för att ha relationer, eller så har vi regler för att slippa relationer, oavsett vad vi kallar det.

Att vi har regler för hur vi vill att vår relation ska se ut är ett resultat av antingen smärta, romantik eller rädsla. Men det som skrämmer oss mer är att vi aldrig ska hitta någon att älska -

är att den vi åtrår inte ska tycka att vi förtjänar deras ovärderliga kärlek och avvisar oss.

Vi anstränger oss, vi föreställer oss, vi låtsas och vi ljuger, för att kunna känna att vi är värda att älskas. Problemet är att precis som med listan över hur vi vill att vår drömrelation ska se ut, så har även vår partner en lista på sina förbehåll...

Allt detta sammantaget innebär att relationer baseras bara på den fysiska attraktionen tills någon av parterna bryter någon av den andres "regler". Då går relationen in i nästa fas, vilket innebär en utvärdering och riskkalkylering av deras gemensamma framtid. Först frågar man sig om man kan leva med den här uppenbara "defekten" hos sin partner eller om detta bara är *en* brist bland många andra. Så fort en "karaktärsdefekt" dyker upp i relationen börjar varningslamporna blinka och relationen läggs i neutral. Det är i det här skedet av relationen man plockar fram sitt regelverk och frågar sig om just den här punkten är viktigtigare än deras framtid?

Om man trots allt väljer att gå vidare med relationen så är det viktigt att komma ihåg att så fort man väljer att bortse från någon av ens egna regler, så innebär det också att man tar en risk. Det vill säga... *om jag väljer att ta bort eller bortse från någon eller några av mina regler, så förväntar jag mig att du gör detsamma.*

25

Allt detta sker i ett tyst samförstånd, vilket innebär att man redan har börjar hålla räkningen på varandras "tillkortakommande".

Ett vanligt uttryck för människors rädsla för att inte förtjäna kärlek är att ha ett gediget regelverk och skaffa en relation med någon som inte motsvarar något av ens krav. På så sätt behåller man initiativet och om relationen tar slut så har man inte förlorat något värdefullt, bara tid.

Det kan låta både sorgligt och cyniskt men efter att ha arbetat med många par under många år, så har jag frågat mig själv (efter 2 egna skilsmässor) varför lät de/jag det gå så här långt?

Vad säger man till sig själv i en relation som både är kärlekslös och inspirationslös?

Man säger åt sig själv att man inte förtjänar något bättre och att det är bättre att vara i en dålig relation, än att leva ensam och riskera att aldrig träffa någon annan. Vi kan försöka lura oss själva från morgon till kväll, men om vi väljer att leva i en dålig relation... *så säger vi till oss själva att vi inte förtjänar att älskas villkorslöst.*

* Vad måste Du göra för att förtjäna att älskas villkorslöst?

* Vad måste Din partner göra för att förtjäna att älskas villkorslöst?

26

Vårt Program

Vårt program är summan av våra upplevelser under uppväxten och styr nu vår vardag till 95 %.

Vårt program består av en uppsättning regler och förhållningssätt som berättar vad *vi måste göra* och vad vi absolut *inte får göra*.

Det vi måste göra kallar vi för Pådrivare och det vi inte får göra kallar vi för Förbud. En Pådrivare kan vara: Ansträng dig, Var till lags eller Var stark. Ett Förbud kan till exempel vara: Var inte ett barn eller Lyckas inte, för att nämna några

I mitt arbete med människor stöter jag dagligen på människor som styrs av förbuden de skapade som unga och som fortfarande hindrar dem från att vara sig själva och leva livet de drömmer om.

Vi har väl alla en uppfattning om andras pådrivare och förbud, men kan många gånger ha svårt att vilja ta till oss våra egna. Men om du känner att ditt sätt att hantera olika situationer inte egentligen är *ditt sätt* att hantera situationer, kan du vara säker på att det antingen är en pådrivare eller ett förbud som styr ditt sätt. Du låter ditt program sköta situationerna åt dig.

Om du känner att du ställer upp på en massa saker som du egentligen inte vill kan du vara säker på att en av dina pådrivare är Var till lags.

Om du aldrig säger ifrån och känner att du får dra det tyngsta lasset själv, så är sannolikheten stor att du har pådrivaren Var stark. Om du år ut och år in ser medarbetare befordras medan du själv står och stampar på samma ställe, finns det en stor chans att ditt förbud är Lyckas inte.

Så, för att fortsätta framåt på vägen till vårt genuina jag och ett bättre liv, är det viktigt att vi identifierar våra Pådrivare och Förbud. Inga av dessa Pådrivare eller Förbud är bättre eller sämre än andra. Se vilka som passar in i ditt sätt att känna, tycka och fatta viktiga beslut.

Pådrivarna och Förbuden är så kallade autonoma system som får oss att handla och känna på ett förutsägbart sätt i olika situationer, utan att först värdera vad som händer. Det sker på ren rutin utan att vi ens överväger andra alternativ. Det är inte ett medvetet beslut utan en accepterad lösning på en situation eller ett problem som uppstod under vår uppväxt och därmed blev en del av vårt program som vuxna.

Det är också viktigt att poängtera att medan upphovet till Pådrivarna handlar om vad vi måste göra för att förtjäna kärlek och omvårdnad, så kan de också hjälpa oss att uppnå våra mål som vuxna, till skillnad från Förbuden som bara begränsar oss och våra möjligheter att växa.

* Kan du skilja på ditt program, och beslut baserade på situationen?

Pådrivare:

Var till lags: Du tar alltid större hänsyn till andras behov och önskningar än dina egna. Att vara till lags grundar sig på uppfattningen att man inte duger och måste förtjäna uppskattning.

Ansträng dig: Oavsett hur dåliga oddsen är så fortsätter du kämpa för att du inte kan låta bli. Din känsla av att vara tillräcklig baseras på hur hårt du fått anstränga dig för att nå målet.

Var stark: Vad som än händer så förväntar du dig att hantera det och bära bördan. Livet är hårt. Du får aldrig visa dig svag hur jobbigt det än är.

Var perfekt: Ett fläckfritt yttre och ett nästintill desinfekterat hem, fritt från damm och brödsmulor. Du duger inte som du är utan måste vara bättre än alla andra... alltid, hela tiden...

Skynda dig: Allting måste gå snabbt oavsett hur mycket tid du har på dig. Du försöker övertyga dig själv om att det du gör är viktigt genom att stressa. Du jämställer stress med att det är viktigt, för att få känna dig betydelsefull.

* **Vilka pådrivare kan du identifiera hos dig själv?**

Förbud:

Lyckas inte: Människor som har det här förbudet saboterar ofta sina möjligheter att lyckas på olika sätt. Det kan handla om olika sorters missbruk eller att aldrig avsluta någon utbildning, eller att alltid förstöra sina relationer.

Var inte ett barn: Det här förbudet är vanlig för det äldsta barnet som måste ta hand om sina yngre syskon tidigt i sitt liv. När de växer upp kan de ha svårt att vara spontana och lekfulla.

Väx inte upp: Ett förbud givit av föräldrar som tycker om att ha ett litet barn att gulla med. I vuxen ålder kan människor med det här förbudet vara omogna och beroende av andra i sitt liv.

Tänk inte: Ibland ett resultat av föräldrars ständiga påpekande av att man inte förstår. Barn som växer upp med det här förbudet har ofta i vuxen ålder ett arbete som är långt under deras potential och som inte kräver tankearbete.

Var inte viktig: Stjäl inte ljuset från någon annan och vad som än händer så be aldrig någon om hjälp eller uppmärksamhet. Som vuxna klär de sig i beige och sitter så långt ifrån händelsernas centrum som det bara går.

Var inte dig själv: Vanligt bland barn som växer upp och får höra att deras föräldrar önskade sig ett barn med ett annat kön. Detta är inte ett upphov till homosexualitet utan mer en känsla av att något odefinierbart känns fel.

Existera inte: Ett förbud som oftast har sitt ursprung i föräldrarna skambeläggande av barnet genom att säga: - *Om det inte vore för dig*... Som vuxna ägnar de sig åt destruktiva missbruk eller blir så kallade adrenalin junkie som hela tiden utmanar faran som bergsklättrare, fallskärmshoppare eller andra saker on the edge.

Behöv inte: Ges av föräldrar som inte kan eller vill tillgodose barnets behov, vare sig det är materialistiskt eller handlar om fysisk närhet. En del som utvecklar anorexia har det här förbudet.

Tillhör inte: Ett vanligt förbud bland barn som ofta tvingas flytta mycket under sin uppväxt. Vuxna med det här förbudet är ofta otillgängliga.

Var inte nära: Ett resultat av barnets slutledning efter exempelvis en skilsmässa eller ett dödsfall, då de får uppfattningen att människor de älskar lämnar dem. Vuxna med det här förbudet har inga långvariga relationer och undviker ofta relationer baserade på kärlek och väljer istället relationer baserade på praktiska saker istället, som boende, ekonomi och sex.

Var inte frisk: Vanligast i uppväxtmiljöer där en eller bägge föräldrarna själva lider av en psykisk åkomma eller bara kommer överens när de kan ägna sig åt det sjuka barnet. Som vuxna bekymrar sig ofta de här människorna för sin hälsa och utvecklar ofta hypokondri.

Känn inte: Vanligt bland barn som vuxit upp i miljöer präglade av missbruk och dysfunktionalism. Som vuxna upplever ofta människor med det här förbudet en känsla av att vara konstant avdomnade och utanför.

Problem uppstår alltid i våra liv när våra förbud står i vägen för vårt genuina jag och hindrar oss från att växa och utvecklas som människor.

En kvinna jag arbetade med hade Var perfekt som pådrivare och Lyckas inte som förbud. Ni kan själv tänka er hur komplicerad hennes tillvaro var. När hon började arbeta med upphovet till sitt självsabotage, förändrades allt.

Det är oerhört viktigt att vi lär oss identifiera vårt program för att kunna förändra det vi inte är nöjda med i våra liv. Vårt program är resultatet av vårt formativa lärande som relaterar till alla de regler och förhållningssätt vi tog till oss vare sig de uttrycktes - eller var underförstådda av oss.

Det är viktigt att förstå att vare sig pådrivare eller förbud uttrycks verbalt utan var signaler som barnet tolkar under sina första sju år.

* Vilka förbud kan du identifiera hos dig själv?

Våra Relationer

Våra relationer präglas av vårt program och avgör vårt sätt att välja partner och vänner.

Om vi vuxit upp med föräldrar, eller andra vårdnadshavare, som lyssnade på våra tankar och tog oss på allvar som individer och värdesatte dialogen i vår relation, så är sannolikheten stor att du idag har många bra genuina och prestigelösa relationer som baseras på ömsesidig respekt och en genuin omtanke om varandra.

"Du är genuint trygg i dig själv och gör dina val utifrån din övertygelse och dina värderingar, oavsett vad omgivningen tycker. Du är en fantastisk vän och ett föredöme som mamma/pappa/bror/syster. Du lever ett fantastiskt liv som många avundas, inte öppet men gärna i smyg. Du är mån om din egen och andras hälsa utan att pracka på dem din filosofi. Du är en friluftsmänniska oavsett om det tar sig uttryck i skogen, på havet, i skidbacken eller i trädgårdslandet. Du är trygg i dina åsikter och har inget behov av att uttrycka dem, för sakens skull. Du omger dig med vackra saker av hög kvalitet, men inte för att imponera utan för att du gillar hög kvalitet. Oavsett vad du gör så gör du det med glimten i ögat. Du har humor och har lätt för att få andra att skratta. Människor tycker om att vara i din närhet eftersom "din trygghet smittar av sig", som några av dina vänner uttrycker det. De säger också "att allt är så enkelt för dig och att du lyckas med allt".

33

Även om du inte lyckas med allt, så är det inget du hänger upp dig på utan du tar till dig lärdomen och lyckas bättre nästa gång.

Du gör dig inte lustig på någon annans bekostnad och du ställer alltid upp för dem som har det jobbigt, vare sig du känner dem eller inte. Du är välutbildad och har ett arbete med stort ansvar och mycket förtroende från ledningen och dina medarbetare. Du vill att hela ditt liv ska vara viktigt så du gör vad du kan för att göra tillvaron bättre för oss alla. Du är en gedigen och genuin människa och vi gläds med dina framgångar"

Bilden jag nyss beskrev leder oundvikligen tankarna till en reklamfilm om den amerikanska drömmen. Blå himmel och en man och en kvinna med armarna om varandra. De promenerar ner mot vattnet på baksidan av deras vitmålade hus i kolonialstil någonstans i Connecticut på senvåren, strax innan sommaren gör en storstilad entré. Kvinnan har vita Busnel byxor och en ljusblå Ralph Lauren skjorta med vit krage som är uppvikt och ramar in hennes tvålfagra ansikte och ger hennes blonda hår ett underbart lyster. På fötterna har hon vita Henri Lloyd skor utan strumpor, så klart. Mannen är solbränd och klädd i en seglartröja, vita byxor och vita skor. Han har den obligatoriska tjocka tröjan hängande över sina breda axlar, för en kyla som aldrig kommer. Hans mörka hår börjar få ett par stänk av grått vilket bara får honom att se mer distingerad ut, som en riktig upptäcktsresande på väg mot Sydpolen, fast de bara ska ut på sjön.

Bakom dem kommer deras barn springandes tillsammans med familjens Golden retriever och alla skrattar, ja till och med hunden ler. De personifierar den fullkomliga lyckan och vi önskar att det var vi som gick där och nyss hade tagit Nobelpriset i Familjelycka.

Det är få som växer upp villkorslöst älskade och blir prestigelösa män och kvinnor som fokuserar mer på vad de kan ge än vad de får. De flesta av oss andra har våra ärr, några små andra lite större. Om vi ständigt under vår uppväxt upplevt att vi förlorat något eller någon så blir vi inte gränslöst generösa eftersom förlust är något som vi associerar med smärta. Det innebär inte att vi sitter hemma likt Scrooge och mumlar Humbug. Det innebär däremot att vi är känsligare för separationer och det kan ställa till det för oss.

För 100 år sedan var skilsmässa i många fall uteslutet på grund av dåtidens värderingar och faktumet att få kvinnor tjänade egna pengar. För 50 år sedan började det bli vanligare med skilsmässor allt eftersom kvinnor började arbeta och bli självförsörjande. Skilsmässor idag är mer regel än undantag och oavsett anledningen till separationerna så kan vi lugnt säga att vi inte är bra på att hantera de utmaningar som uppstår i en parrelation. Om vi inte växt upp villkorslöst älskade så är sannolikheten stor att vi fortsätter på den inslagna vägen och själv för arvet vidare och gör kärlek till en handelsvara.

Då blir hemmet mer en handelsplats som man kommer och byter tjänster på. Det innebär att man ibland gör en bra affär och ibland gör en sämre eller rent av dålig affär. När man gjort en dålig affär blir vårt ego upprört och kommer med förslag på upprättelse, *för det här kan vi minsann inte acceptera.* Du tror att det är du som smider planer men det är ditt ego som klätt ut sig till dina tankar. Alla planer ditt ego kommer upp med handlar alltid om att skada din pojkvän/flickvän/fru/man på ett eller annat sätt.

Relationer som baseras på Handelsplatsen slutar med uppbrott när den ena parten har gjort fler dåliga affärer en dennes ego kan hantera. Relationer som inte baseras på villkorslös kärlek... baseras på något annat. Vi har alla olika anledningar till varför vi fortsätter leva i en relation som inte baseras på villkorslös kärlek.

Vare sig det handlar om trygghet, prestige, sex, sällskap, barnens bästa eller vad som helst, så är det något vi bytt ut villkorslös kärlek mot... för att vi djupt inom oss inte tror att man kan, eller ens bör vara villkorslöst älskad. Det är naturligtvis också mycket lättare att basera en relation på något enkelt och gripbart, som att slippa vara ensam, framför villkorslös kärlek som kommer att sätta vårt ego och tålamod på prov dagligen.

Det är naturligtvis inte enkelt och bör inte vara enkelt. Men, alternativet att leva i en relation vars passion försvann med första barnet och amorteringarna på huset och bilen är slöseri.

Vi måste våga vara genuina och älska utan villkor i våra relationer. Vi har ingen rätt att ställa krav på en annan människa och är villkoret för relationen baserat på krav så är det en relation baserad på det mest sorgliga av allt... Makt.

Vi har alla en möjlighet att leva i otillfredsställande relationer baserade på krav och förväntningar - men priset är alltid vår egen självrespekt och värdighet, vilket är ett alldeles för högt pris att betala. En relation baserad på villkorslös kärlek däremot, plockar fram det bästa hos oss och visar vägen till ett bättre liv.

Välj alltid en relation baserad på villkorslös kärlek och upplev både människan och livet från sin absolut bästa sida.

* Hur ser en relation baserad på villkorslös kärlek ut för dig?

* Lever du i en sådan relation, eller har gjort?

* Hur viktigt är villkorslös kärlek för dig?

* Med vem känner Du dig villkorslöst älskad?

* Vem älskar Du villkorslöst?

Vår Comfort Zone/The Habit Loop

Vi har alla vår favoritfåtölj i vår Comfort Zone där vi kan sjunka ner och koppla av och koppla bort omvärlden. Vår Comfort Zone kan innebära allt från en påse ostbågar en regnig eftermiddag i juni till att bestiga Mount Everest på nordsidan i 30 minusgrader och kraftigt snöfall i maj.

Nu hör jag dig utropa: Hur kan bergsklättring på Mount Everest norrsida i 30 minusgrader och kraftigt snöfall i mitten på maj vara avkopplande? Det hade definitivt inte varit avkopplande för mig, eller för dig kanske, men det finns faktiskt människor som känner sig mer hemma på Mount Everest norrsidan än på IKEA i Kungens Kurva. Men om det känns bättre för dig så byter vi ut Mount Everest mot en skogspromenad i din favoritskog istället;)

Det signifikativa för vår Comfort Zone är att det är ett stressfritt tillstånd där vi har full kontroll och som kan liknas vid en kanotfärd medströms en solig sommardag utan ett moln på himlen.

The Comfort Zone handlar helt och hållet om kontroll. Så låt dig inte luras av soldränkta stränder på S:t Barts, Knäbäckshusen eller Tylösand. Det kan lika gärna handla om en förhandling som gäller miljoner eller en klänning eller kostym som vi känner oss fantastiska i. Det är ett välbekant tillstånd som vi känner oss trygga i, helt enkelt.

Hjärnan fungerar som en radar och sveper dygnet om runt i skallen på oss, för att upptäcka annalkande faror och förbereda oss på att antingen fly eller slåss. Problemet är att The Comfort Zone inte bara ett tillstånd av kontroll utan också hjärnans möjlighet att återhämta sig under tiden den bombarderas av miljontals intryck under en helt vanlig dag i våra liv.

Att vara sig själv är för hjärnan raka motsatsen till ett stressfritt tillstånd. Att vara genuin må leda till ett stressfritt liv men det kommer inte att uppskattas av hjärnan innan det etablerats som ett normaltillstånd. Att vara sig själv innebär en närvaro som omkullkastar hjärnans ambitioner att köra på autopilot så mycket som möjligt under en vanlig dag. Upp till 95 % av tiden. Siffrorna varierar beroende på vem som gjort studierna - men sammantaget kan sägas att vi inte fattar speciellt många medvetna beslut under en vanlig dag, är i alla fall alla överens om.

Tänk så många människor du känner som du vet vad de kommer att säga innan de ens har sagt det. Att människor är så förutsägbara beror inte på att de är tråkiga utan på att deras hjärna har kopplat in deras autopilot just då. Att hjärnan gör så är inte för att den är lat utan för att den vill spara så mycket energi som möjligt för att ha reserver vid livshotande situationer. Med detta sagt vill jag förtydliga att starka krafter kommer att motarbeta dina ambitioner att Vara dig själv... eftersom det kommer att kräva din fullständiga närvaro hela tiden. *Presence;)*

The Habit Loop är The Comfort Zones bästa vän och vår autopilot. De umgås på ett lätt och ledigt sätt i varandras sällskap och de umgås gärna. De vet hur de ska få ut så mycket som möjligt av deras symbios varje dag. Om The Comfort Zone är orsaken så är The Habit Loop verkan.

The Habit Loop är ett slutet system och betyder att dina handlingar följer samma bestämda mönster baserat på stimuli och triggers.

Det börjar med en *trigger*, typ att klockan är halv 3 på eftermiddagen. Då gäspar du och reser på dig, vilket är *reaktionen*. Du går då och tar en chokladbit och en kopp kaffe för att piggna till, vilket är *belöningen*.

Så Loopen börjar med en trigger, följt av en reaktion och avslutas med en belöning. Capice;)

När jag hänvisar till olika studier som säger att 95 % av våra handlingar under en dag är omedvetna - så är det detta jag syftar på. Något händer, vilket skapar samma reaktion hos oss varje gång och därefter gör vi samma sak som alltid och känner oss därefter belönade. Habit loops är allt det du gör under en dag utan att välja det. Autopiloten väljer hur du ska reagera och känna utan att fråga dig först. Knasigt va?

* Vilka Habit Loops kan du identifiera hos dig själv?

Vårt Ego

Vårt ego är likt "Gud", avundsjukt och hämndlystet och utan några som helst skrupler eller dåligt samvete. Vårt ego berättar saker för oss om oss, som inte är sant. Vårt ego berättar saker om andra som inte är sant. Vårt ego berättar saker för oss om livet som inte är sant. Vårt ego resonerar som om det är ett uppslagsverk med tillgång till mer fakta än Google och Wikipedia tillsammans. Vårt ego snackar en massa skit, helt enkelt... hela tiden!

Analogin med elefanten som en symbol för vårt ego och vi själva sittandes ovanpå elefanten som en symbol för det rationella, speglar på ett bra sätt vilka krafter vi har att göra med. Inga rationella tankar kan stå emot när en elefant på 5 ton drar iväg mot något den vill ha eller göra. Det bästa vi kan göra i sådana lägen är att hålla i oss för glatta livet och hoppas på det bästa.

Vårt ego började som en god vän som pushade på oss när vi var små för att vi skulle fortsätta växa och utvecklas. I början handlar det om att mana på oss så vi lärde oss att gå och kunna fly om det blev riktigt illa. Men också för att kunna hämta saker. När vi väl lärt oss att gå var det viktigt att vi lärde oss att tala för att på så sätt kunna tillgodogöra oss av alla de fördelar detta innebar. Egot har därefter en tendens att låtsas vara oumbärlig för oss och låter gärna påskina att vi är hjälplösa och slutar som hemlösa utan egot. Egot är en skitstövel och en sadistisk mobbare.

Egot har åsikter om allt och alla från morgon till kväll. Eftersom egot är The Supreme Being så har det oftast nedlåtande åsikter om allt från kvällstidningar, melodifestivalen, bögar, chefen, vädret, priset på bensin, grannen, sossarna, kamphundar, människor med Foppatofflor, USA, pop, trafiken, tjocka människor, smala människor, bilskojare, mäklare, advokater, sjömän, damfotboll, skatten, hantverkare, trampminor, katter och så kallade artister.

Än värre är att egot har massor av åsikter om oss själva, som om egot är en siamesisk tvilling som sitter fast i världens största idiot i människans historia. Egot har åsikter om allt vi gör - hur vi gör det - när vi gör det - och var vi gör det. Så en stor anledning till att vi har fördomar om andra människor är helt enkelt bara ett sätt för oss att slippa stå i centrum för egots absurda åsikter hela tiden. Det är en paus från oss själva.

Egot förvandlas med åren från en god vän som pushade på oss när vi var små till rena tyrannen ju äldre vi blir och som inte känner något som helst medlidande med oss, när vi inte gjort det vi lovade att vi skulle göra. Det vi lovade att göra har oftast med PMS att göra. Power Money Sex. Det kan innebära att vi inte lät egot få känna sig betydelsefull på jobbet eller i en relation. Det kan innebära att vi inte gjorde det som krävdes för att få en befordran eller en viktig klient. I slutändan kanske det innebar att vi inte "stötte" på honom/henne, när vi hade chansen i fredags.

Egot påminner dig ständigt om saker du klantat till på ett eller annat sätt. Egot ger dig inte en lugn stund och det är därför droger, sprit, sex, mindfullness, meditation, yoga och allt annat som sysselsätter hjärnan med en annan aktivitet än att lyssna på egot är så populära. Droger gör att man antingen struntar i egot eller överträffar det. Sprit börjar med att man är kompisar, sen ber man det hålla käften och sen avslutas det med att egot skrattar en rakt upp i ansiktet och kallar en för en ömklig figur. Sex är egots naturliga sätt att kommunicera. Mindfullness, meditation och yoga innebär att man fokuserar på andningen och därför slipper höra egot gnälla.

Egot är en del av vår tankevärld som man bör hålla kort och lyssna så lite som möjligt på. Egot är anledningen till missnöje, misstänksamhet och missämja mellan människor, grupper och länder. Egot kan ibland liknas vid att en värsta ovän skulle sköta om ens liv. Ibland blir det uppenbart att egot är en infantil produkt som inte vill växa upp, likt Peter Pan, utan föredrar att få sin livsenergi från vårt eget och andras misslyckande. Egot är en dålig förälder som aldrig är nöjd oavsett hur väl vi lyckas. Även när vi vinner, borde vi ändå ha gjort bättre ifrån oss.

Egot påstår att du är sämre än vad du är och föreslår en massa saker du borde göra, fast du inte har lust. I det sammanhanget kan du välja att trots allt göra det, eller så kan du välja den smärtsamma vägen och *ha ett dåligt samvete för att du inte gör det du inte vill!?* Sjukt, eller hur?

43

Det ska till en fullständigt absurd logik för att må dåligt över något man inte vill eller tänker göra.

Ändå kan vi ibland få ett oerhört dåligt samvete över något vi inte vill göra men i ett svagt ögonblick, efter att ha lyssnat på hur egot malde på om fördelarna med ett dyrt gymkort, en personlig tränare, äta palsternacka, implantat, skaffa en coach, byta jobb, skriva en bok, börja med pilates gav efter bara för att få slut på tjatet i skallen och kunna göra det vi egentligen vill göra.

Oavsett vad egot säger till oss så innebär det alltid att vi är otillräckliga på ett eller annat sätt och måste göra något för att förtjäna egots godkännande och få en kort paus från det.

Egot ber oss aldrig att varva ner och njuta av stunden utan kraven från egot innebär alltid en extrem insats som alltid får oss att må sämre oavsett resultatet eftersom vi upplever det som att egot förslavar oss - än att vi faktiskt känner en djupare tillfredsställelse över något vi uppnått för att vi verkligen ville göra det av egen fri vilja.

Egot kan liknas vi en 2-åring i trotsåldern som skriker och gråter till den får som den vill.

* I vilka situationer tycker du att den trotsiga 2-åringen kommer fram i dig?

Vägen till ett Bättre Liv

Vägen till ett bättre liv börjar med att vi först och främst ger upp tanken på att vara perfekta.

Iden om att vara perfekt är så absurd att den inte ens förtjänar att kommenteras, men... jag gör det ändå. Att sträva efter perfektion är det absolut enklaste sättet att förstöra sitt eget och andras liv på. Besattheten med att plåga sig själv genom att förvänta sig perfektion passar bäst för masochister och djupsinniga artister som ser lidandet som en angenäm och naturlig livsstil.

Perfektion står i ett direkt motsatsförhållande till vår rädsla för att vara otillräckliga. Vi tror att lösningen på att hålla känslan av otillräcklighet stången är att sträva efter perfektion och på så sätt slippa känna oss otillräckliga. Det finns en naiv logik i det resonemanget så många anammar det och tror att det är lösningen på problemet.

Problemet är inte vår strävan efter perfektion utan problemet är att *vi tror* att perfektion verkligen är lösningen för att slippa känna oss otillräckliga. *Inget kan vara mer fel.*

Låt oss istället för att slösa tid på det ouppnåeliga ägna oss åt det som både är realistiskt och samtidigt vägen till ett bättre liv.

Som sagt, vägen till ett bättre liv börjar med att vi först ger upp tanken på att vara perfekta. Bra!

Det är inte detsamma som att vi slutar sträva efter att göra bra ifrån oss, men nu gör vi det av en helt annan anledning än tidigare. Förr gjorde vi det för att slippa känna oss otillräckliga, men nu gör vi det för att se hur bra vi kan göra saker.

Det spelar ingen roll om det handlar om vårt arbete eller vårt hem, vi gör det så bra vi kan för att trivas och skapa en miljö att växa i både som människa och kvinna, eller man.

Istället för att sträva efter perfektion som ett sätt att balansera den tidigare känslan av otillräcklighet, så börjar vi istället med att glatt konstatera *att vi redan är fullt tillräckliga.*

Vi måste inte kvalificera oss i alla sammanhang vi dyker upp i. Det är inte upp till andra att avgöra om vi är tillräckliga eller inte, det gör vi själva och vi konstaterar glatt att vi är tillräckliga.

Det andra steget mot ett bättre liv är att sluta definiera oss själva utifrån hur vi gör saker eller vad och hur mycket vi äger. Vi måste börja våga förlita oss på vår egen unika personlighet och våra egna unika egenskaper som gör oss till just dem vi är. Vägen till ett bättre liv handlar mycket om att sluta definiera vår framgång efter andras uppskattning, eller ännu värre avundsjuka.

Det innebär att vi måste börjar förlita oss på alla de fantastiska egenskaper vi besitter genom vår unika genuppsättning som har finslipats genom årtusenden och gett oss ett unikt själsligt fingeravtryck som kan hjälpa oss uppnå allt det vårt Genuina Jag är här för att åstadkomma.

Alltså, först och främst ger vi upp tanken på att vara perfekta, *för vi är mer än perfekta*. Vi är fulländade som individer efter tusentals år av finslipning av våra unika egenskaper.

Därefter så slutar vi basera vårt egenvärde efter hur väl vi utför en uppgift. Det handlar inte om vad vi gör utan om vem vi är. Naturligtvis gör vi det vi ska göra med högsta möjliga standard, men resultatet definierar inte vem vi är, utan bara hur vi gjorde just den saken just då.

För det tredje så börjar vi sakta acceptera oss själva och andra som fullt tillräckliga individer, oavsett resultatet av vissa handlingar och beteende. Det är viktigt att vi aldrig förväxlar människors beteende med deras Genuina Jag, eftersom vårt Genuina Jag varken vill eller kan såra eller kränka en annan medmänniska.

När vi nu kommit igång med en helt ny livsstil så kommer naturligtvis människor i vår omgivning att fråga vad det tagit åt oss? De kommer framför allt att lägga märket till vår ovilja att göra saker på samma sätt som vi alltid gjort tidigare, eftersom vi numera arbetar med att ta reda på vårt genuina jags sätt att göra saker på - till skillnad från vårt tidigare program.

Vi gör inte längre saker automatiskt som tidigare, utan vi är varse våra Pådrivare och Förbud. Vi har gjort ett genomgripande arbete när det gäller våra relationer och vi har en större förståelse än någonsin, om att många av våra känslor och beslut i olika situationer är reaktioner baserade på vårt gamla program och inte ett beslut fattat i realtid anpassat efter situationen.

* Vi har fått en djupare förståelse för vår gemensamma bakgrund och hur mycket arbete det ligger bakom vårt eget själsliga fingeravtryck.

* Vi börjar sakta men säkert påminna oss själva flera gånger varje dag om att vi är fullt tillräckliga och inte behöver bevisa något för någon.

* Vi strävar inte längre efter perfektion utan istället strävar vi efter högsta möjliga värde för vårt Genuina Jag och våra medmänniskor.

* Vi dömer inte andra människors handlingar eftersom vi lärt oss att skilja på människors beteende och deras Genuina Jag.

* Vi inser att livet är en unik upplevelse på en unik plats och förstår att vi är oerhört priviligerade och ser därför livet som ett hedersuppdrag som förtjänar det absolut bästa av vad vårt Genuina Jag kan erbjuda oss och andra.

Vårt Genuina Jag

Vårt Genuina Jag är vårt innersta väsen, fritt från ego, program, pådrivare, förbud och förutfattade meningar och fördomar om andra.

Naturen har investerat enorma resurser och tid för att just Du och ditt innersta väsen ska finnas just här och just nu tillsammans med oss alla.

Du är varken en tillfällighet eller en nyck från naturen. Ditt liv har varit planerat länge och miljontals människor har bidragit till din existens under tusentals år. Du har en underbar själ och du är så förunnad att få uppleva det bästa i livet.

Trots att vi nu både har en större förståelse för vårt innersta väsen och livet som en fantastisk upplevelse, så kommer livet ändå att fortsätta utmana oss för att på så sätt hjälpa oss att växa.

Den största skillnaden från och med nu är att vi varken handlar eller reagerar utifrån vårt egos absurda behov av att känna sig överlägsen andra.

Vi förstår att vi har mycket arbete framför oss och att det inte kommer att gå som på räls, utan kräver både beslutsamhet och mycket tålamod.

Det som talar till vår fördel och garanterar vår framgång, är att vi i vår strävan söker en relation med vårt Genuina Jag, istället för att förbli slavar till ett omättligt ego som aldrig blir nöjt.

Vägen till vårt Genuina Jag går genom en tillvaro baserad på omtanke om andra och en vilja att stå upp för sina innersta tankar, känslor och livsmål.

Skillnaden på att visa omtanke om andra och att *vara till lags* är två vitt skilda saker. Medan det som handlar om ditt Genuina Jags önskan om dina medmänniskors välbefinnande, så handlar Pådrivaren Var till lags bara om *ditt eget* välbefinnande.

Det är i det här sammanhanget vi börjar förstå skillnaden på att verkligen dela med sig av sig själv och sina privilegier till de sämre lottade, eller bara göra något för sitt egos välbefinnande och behov av överlägsenhet. Märk väl, de sämre lottade syftar i det här sammanhanget inte enbart på människor med ekonomiska begränsningar, utan vi talar också om människor som fortfarande styrs av sitt program, pådrivare, förbud och sitt omättliga och kritiska ego.

Vi börjar helt enkelt studera våra handlingar på ett ärligt sätt utan att vare sig ifrågasätta, eller ännu värre skuldbelägga oss själva, eftersom det tillhör vårt program och inte vårt Genuina Jag.

Jag kan inte nog betona att oavsett vad vi gör och hur vi gör det, så gör vi det alltid med en positiv intention. Vi är till vårt innersta väsen omtänksamma och generösa till alla våra medmänniskor, eftersom vi vet att vi alla hör ihop. Varje människas framgång är också vår framgång, liksom varje människas förlust är vår.

Vägen till vårt Genuina Jag går genom vårt hjärta snarare än vår hjärna. Vårt Genuina Jag är ett intuitivt väsen som har en klar bild av meningen med vårt liv och vad det är vi förväntas åstadkomma under vår begränsade livstid, på den här fantastiska planeten som vi lever på.

Eftersom vi alla har vår beskärda del av separationer och hur det har påverkat oss, så förstår vi att det finns ett djupt behov hos oss alla att uppleva livet tillsammans med någon annan.

Våra relationer som börjar som en frisk fläkt styrda av våra fria själar, förvandlas över tid till en själsdödande förutsägbarhet utan vare sig frihet eller spontanitet. Det som börjar som en färgglad cirkus slutar som en begravningsbyrå.

* Vi förstår att vi är förutbestämda att leva här och nu och att vi är en viktig del i en pågående process som sträcker sig tusentals år tillbaka.

* Vi förstår att vägen till vårt Genuina Jag inte är en rak sträcka utan full av omvägar och ibland extrema utmaningar, som är en förutsättning för att växa och samtidigt en kärleksgåva av Livet.

* Vi känner intuitivt att vårt Genuina Jag söker en själsfrände att älska och berika livet med.

* Vi inser till fullo att meningen med vårt liv är att *först och främst* hitta vårt Genuina Jag.

Var dig själv

Vägen till att vara sig själv är en ensam resa full av tvivel och en kamp mellan ditt gamla program och ditt ego som konstant kränker dig.

Det skall till en beslutsamhet och vilja utöver det vanliga för att inte lockas tillbaka till förutsägbarheten och det själsliga självmordet som vårt gamla program orsakade.

Egot kommer att locka på oss likt sirenerna i Odysseen och lova oss allt möjligt och fast vi vet att det inte är sant så är det svårt att stå emot.

Att trots allt motstånd ändå välja vägen till att våga vara sig själv innebär att vi måste skaffa genuina vänner som stödjer oss på vår resa, för det blir tufft i stort sett dagligen. Allt som inte är normaliserat kommer hjärnan att försöka avvisa av ren bekvämlighet för att slippa uppgradera sig.

Vi måste påminna oss själva så ofta som möjligt att det vi gett oss in på, är den sanna vägen till den fantastiska och unika människan vi är och som har egenskaper som finslipats under många generationer och att det är ett hedersuppdrag att få använda sig av alla de fantastiska egenskaper vi har berikats med av våra förfädrar och mödrar.

Vi inser att vi är en helt underbar och komplex varelse med enorma resurser som i vårt rätta element kommer att uträtta fantastiska saker.

Vi börjar lite i taget förstå den fulla innebörden av våra enorma resurser och hur mycket vi kan åstadkomma om vi väljer att Vara oss själva.

Vi måste också komma ihåg att det inte bara handlar om oss själva utan även alla de människor i vår omgivning som behöver en inspirerande förebild för att själv våga ta steget.

Du har alla möjligheter att vara den förebilden och bidra till att skapa relationer och framtidsvisioner som skapar en bättre värld.

När vi nu inser att vägen kommer att kräva det absolut bästa av oss och att vi många gånger kommer att tvivla både på vårt vägval och omdöme, så kom alltid ihåg...

Jag lovar dig - att om du fortsätter framåt även när det är som jobbigast – så kommer du att få uppleva dig själv och ditt liv på ett sätt som vida överträffar dina mest ambitiösa drömmar...

* Vi inser att vi inte kan återvända till ett liv som är ett själsligt självmord, utan vi måste fortsätta framåt - även när vi ifrågasätts av vår omgivning.

* Vi måste skaffa genuina vänner som stöder våra ambitioner och stöttar oss när modet ibland sviktar och vi ifrågasätter vårt omdöme.

* Vi förstår att vi har ett ansvar att inspirera våra medmänniskor att efter bästa förmåga göra oss sällskap på vår resa mot ett genuinare liv.

Vårt Beslut

"Whats shapes Your life, is decisions, not conditions"

Tony Robbins

Vi har pendlat mellan inspiration och desperation och har svårt att avgöra vad som är upp och vad som är ner. Vi har hamnat i konflikt med vårt ego som kallar vårt Genuina Jag för flum och fantasi och att bara egot är på riktigt;)

Vi har förstått att de flesta beslut och handlingar vi har gjort i våra liv har skett utan att överväga alternativ, som en reaktion på vår uppväxt och vilka alternativ som då stod till buds.

Vi inser att vi som vuxna löser problem på samma sätt som när vi var små, men att vi nu vill utvecklas och våga vara den unika varelse vi är.

Om vi väljer att gå tillbaka så förstår vi att det för resten av våra liv kommer att finnas ett tomrum inom oss som inte går att fylla...

Detta tomrum kan bara fyllas av vårt innersta väsen som i hela vårt liv har drömt om dagen då det får komma till liv och vägleda dig till ett fantastiskt liv fyllt av villkorslös kärlek.

Vi vill mer än någonsin uppleva känslan av att ha en genuin relation med oss själva, baserad på självrespekt och en större värdighet än någonsin.

Vi förstår äntligen att vi är en unik människa med enorma resurser och fantastiska egenskaper vilket betyder att vi aldrig är otillräckliga.

Vi är resultatet efter tusentals generationer och naturens strävan efter gudomlighet vilket innebär att vi ALLTID förtjänar att vara älskade.

Vi kommer under inga som helst omständigheter att någonsin leva i en relation som inte baseras på villkorslös kärlek.

Vi har identifierat vårt program och är inte längre intresserade att använda program som inte är kompatibla med vårt Genuina Jag.

Vi styrs inte längre av gamla Pådrivare och Förbud som bara begränsar vårt Genuina Jag.

Vi tänker inte likt Pavlovs hundar fastna i Habit loops, utan tänka igenom olika alternativ.

Vi tänker inte söka tryggheten i situationer vi behärskar utan söka tryggheten i oss själva.

Vi tänker hädanefter inte vare sig lyssna på vårt ego eller ens överväga att ta det på allvar.

Vi anser att livet är en resa, ett äventyr och ett hedersuppdrag - som vi härmed anmäler oss till;)

Vi bestämmer oss utan några vidare betänkligheter för att Vara oss Själva.

Modet att våga vara sig själv

Du är ett genetiskt mästerverk förädlad under 200 000 år och 8000 generationer.

Om du tänker på vad det står här ovan så hoppas jag av hela mitt hjärta att du förstår vilken unik och fantastisk människa du är.

Du är så vacker att universum bleknar i jämförelse. Du är fullständigt fullkomlig och en sann källa till både inspiration och underverk.

Du kan förmå människor att flytta sina gränser och få tillgång till mer av sig själv. Du kan ge den törstige vatten och den vilsne tröst. Du kan med en lätt beröring tysta den frustrerade och du kan med din underbara blick få oss att vilja bli bättre.

Du kan få dina medmänniskor att anstränga sig för att hjälpa de svaga och du kan stävja konflikter skapade i vredesmod. Du förstår hur det är att inte känna sig välkommen, så du gör vad du kan för att bygga broar mellan människor.

Du vet i ditt hjärta att det bara är kärlek som har ett bestående värde och därför fokuserar du på att vara vänlig och omtänksam mot alla.

Du förstår hur mycket ett leende betyder så du ler och inspirerar oss andra att göra samma sak.

Du är ett mästerverk - och i dina bästa stunder i ditt rätta element - så är du kronan i skapelsen.

Jag kan inte nog betona hur mycket som ligger bakom din unika existens i ett universum fullt av oändliga möjligheter över tid och rum.

Jag hoppas att du kan påminna dig själv om vilken fantastisk människa du är och att Du nu har en större möjlighet än någonsin att välja att leva resten av ditt liv som den unika människan.

Livet kommer att fortsätta utmana dig och ibland kommer du att tvivla på din förmåga att lösa allt, men du är starkare än du tror och du har otroligt många resurser till ditt förfogande.

Kom ihåg: Livet har ett stort förtroende för dig och dina unika egenskaper.

Svik inte förtroendet du givits genom att överge den unika människan du är, utan tillåt dig själv att vara den fantastiska människan - och upplev hur allt blir enklare och mycket bättre i ditt liv.

Tillåt dig att navigera genom livet med din själ som din vägvisare, livsguide och bästa vän.

Lita på din intuition även när det känns lite skrämmande. Det blir bra – jag lovar dig.

Identifiera dig med andra människor istället för att fokusera på olikheterna och känn hur Du tillhör och är en del av hela mänskligheten.

Definiera dig själv som människa och inte ditt kön, befattning, yrke, etnicitet eller sexualitet.

Säg till dig själv varje morgon:

Jag har vad som krävs. Jag är fullt tillräcklig och behöver inte bevisa något för någon.

Oavsett vad som händer i dag så tänker jag hantera det med självrespekt och värdighet.

Jag ska föregå med gott exempel och bidra till mänsklighetens utveckling genom att fokusera på vem jag är och vad jag kan ge för att glädja andra.

Jag är en viktig del av hela mänskligheten och mitt liv ingår i ett mycket större sammanhang.

Det bästa sättet för mig att hedra mig själv och Livet - **är att vara mig själv varje dag**.

Jag förstår att livet är en unik upplevelse och jag ska påminna mig själv om det varje dag.

Jag ska använda mig av alla de egenskaper jag har berikats med för att hjälpa andra.

Jag ska påminna mig själv om mina förfäder och förmödrar som gjort den här upplevelsen möjlig för mig och sända en tanke av tacksamhet.

Varje dag är en dag fylld av möjligheter att lära mig och träna på att vara den jag är i min själ och tillåta mitt innersta väsen att njuta av livet.

Jag är ett genetiskt mästerverk förädlad under 200 000 år och 8000 generationer.